MINISTÈRE DE LA GUERRE

AIDE-MÉMOIRE

DES

OFFICIERS DES COMMISSIONS DE GARE

SERVANT DE COMPLÉMENT

A

L'INSTRUCTION SUR LES COMMISSIONS DE GARE

PARIS
LIBRAIRIE MILITAIRE R. CHAPELOT ET Cie
IMPRIMEURS-ÉDITEURS
SUCCESSEURS DE L. BAUDOIN
30, Rue et Passage Dauphine, 30

1901

AIDE-MÉMOIRE

DES

OFFICIERS DES COMMISSIONS DE GARE

PARIS.
LIBRAIRIE MILITAIRE DE L. BAUDOIN,
R. CHAPELOT et Cie Successeurs,
RUE ET PASSAGE DAUPHINE, N° 30.

MINISTÈRE DE LA GUERRE.

AIDE-MÉMOIRE

DES

OFFICIERS DES COMMISSIONS DE GARE.

(Servant de complément à l'Instruction sur les Commissions de gare.)

PARIS.

IMPRIMERIE NATIONALE.

1900.

AIDE-MÉMOIRE

DES

OFFICIERS DES COMMISSIONS DE GARE.

Le présent aide-mémoire a pour objet :

1° De servir de guide aux officiers faisant partie des Commissions de gare, pour les opérations qu'ils auront à assurer, dès leur arrivée à leur poste.

2° De faciliter leur tâche, tant à ce moment qu'ultérieurement, en précisant certains points du texte de l'Instruction sur les Commissions de gare et en leur donnant des modèles pour les différentes pièces qu'ils peuvent avoir à établir.

La PREMIÈRE PARTIE a trait aux opérations à effectuer le jour de l'entrée en fonctions de la Commission;

La DEUXIÈME PARTIE, aux opérations à assurer, soit éventuellement, soit à une date ultérieure.

TABLE DES MATIÈRES.

PREMIÈRE PARTIE. — Opérations à effectuer le jour de l'entrée en fonctions.

DEUXIÈME PARTIE. — Opérations éventuelles ou postérieures au jour de l'entrée en fonctions.

MODÈLES.

NOTA.

En maint endroit de l'Instruction sur les Commissions de gare et du présent Aide-mémoire il est question d'**Ordres de tronsport.** Il convient d'entendre, par ce terme générique, les titres en vertu desquels les isolés et détachements se déplacent.

Pour le moment (octobre 1900) ces titres seraient encore, la plupart du temps, des **Ordres de mouvement rapide** (*jaunes pour les détachements, violets pour les isolés*); mais leur remplacement par un titre de modèle nouveau, dénommé : **Ordre de transport,** doit être opéré à bref délai.

PREMIÈRE PARTIE.

OPÉRATIONS À EFFECTUER LE JOUR DE L'ENTRÉE EN FONCTIONS.

I. — Transports de mobilisation.

(Instruction sur les Commissions de gare. — Art. 15 et 19 à 23.)

Dès son arrivée à la gare, le commissaire militaire, — ou le commissaire militaire adjoint s'il arrive le premier — portera toute son attention sur la préparation des transports de mobilisation qui commenceront presque aussitôt.

Organisation du service d'ordre.

Le Commissaire militaire dispose pour assurer le service d'ordre :

Du poste, si la gare en comporte;

Des secrétaires et plantons.

Afin de pouvoir obtenir un résultat avec d'aussi faibles ressources, le commissaire militaire ne devra pas perdre de vue que le service à assurer est éminemment intermittent. Au moment de l'arrivée des trains et pendant les heures de la matinée auxquelles afflueront les hommes arrivant par voie de terre, tout le personnel devra être sur pied, mais entre les passages de trains, il suffira, la plupart du temps, d'une surveillance réduite pour interdire l'accès de la gare à toute personne n'ayant pas qualité pour être transportée. Dans les périodes d'encombrement, les agents des chemins de fer et le personnel militaire doivent concourir à assurer l'ordre.

Choix et installation des places de groupement. (Art. 22.)

Si les places de groupement ne sont pas fixées à l'avance par la Commission de réseau, elles le sont au moment du besoin par la Commission de gare.

Délivrance des autorisations de départ aux hommes dépourvus de leur livret individuel. [Certaines gares seulement.] (Art. 15, 6e alinéa).

Les hommes qui n'auront pas leur livret se présenteront selon les indications portées sur les affiches spéciales (1) placardées dans les gares et aux environs, savoir :

Dans les villes de garnison, à un bureau militaire spécialement constitué par le commandant d'armes;

Dans les autres localités, au *commissaire militaire* de la gare, ou, à son défaut, au maire de la commune indiquée sur l'affiche.

Le chef du bureau militaire, le *commissaire militaire* de la gare ou le maire de la commune, suivant le cas, examinera les pièces quelconques justificatives d'identité, dont l'homme sera porteur. Si ces pièces sont suffisantes ou même si les simples déclarations de l'intéressé paraissent pouvoir être admises, il lui sera délivré une autorisation de départ (2) [Modèle A, page 25], valable pour le jour présumé où l'homme doit partir pour rejoindre son corps. Ce jour sera inscrit sur l'autorisation de départ. A défaut de tout autre renseignement à ce sujet, le jour de convocation à inscrire sur l'autorisation de départ sera celui que l'homme déclarera être porté sur le fascicule de mobilisation joint à son livret individuel.

L'homme sera averti qu'en cas de fausse déclaration, reconnue à son arrivée au corps, il sera mis entre les mains de la gendarmerie.

Muni de cette autorisation, l'homme se présentera à la gare désignée par l'autorisation de départ, au jour indiqué et sera admis dans les trains sur présentation de cette pièce.

Les autorisations de départ ne seront délivrées :

1° *Aux hommes de la disponibilité ou de la réserve de l'armée active* que pendant les 1er et 2e jours de la mobilisation;

2° *Aux hommes de l'armée territoriale et de sa réserve* que pendant les 1er, 2e, 3e, 4e et 5e jours de la mobilisation.

---

(1) Ces affiches sont approvisionnées dès le temps de paix et seront apposées dès la réception de l'ordre de mobilisation.

(2) A défaut de modèles imprimés, les autorisations pourront, à la rigueur, être établies à la main.

Ces autorisations de départ devront mentionner l'obligation pour les intéressés d'avoir à se procurer et à emporter des vivres pour un jour.

Si les pièces que produisent les hommes pour justifier de leur qualité d'appelé et si leurs déclarations verbales laissent des doutes sur leur identité ou leur nationalité, il ne leur sera pas délivré d'autorisation de départ.

Les hommes auxquels cette autorisation serait ainsi refusée, les disponibles ou réservistes qui se présenteraient après le deuxième jour, les hommes de l'armée territoriale et de sa réserve qui se présenteraient après le cinquième, seront dirigés par les voies de terre sur le bureau de recrutement mentionné sur l'affiche.

Par exception et afin d'éviter toute cause d'abus ou d'encombrement dans les régions frontières du Nord et de l'Est, les hommes non porteurs de leur livret, qui demanderaient à être dirigés de l'intérieur de la France sur ces régions, ne pourront recevoir d'autorisation de départ que jusqu'à certaines gares indiquées par l'affiche dont il est question ci-dessus.

Alimentation des hommes stationnant dans la gare. (Certaines gares seulement.) (Art. 23).

a) Pour l'installation de cantines à l'intérieur de la gare, le buffetier, sur lequel les agents de la Compagnie ont beaucoup d'action, offrira généralement plus de garanties que tout autre restaurateur; les salles de livraison de bagages à l'arrivée, munies de bancs de livraison continus, se prêtent particulièrement bien à cette installation.

b) Dans le cas où un grand nombre d'hommes devrait être alimenté en peu de temps, il pourrait y avoir intérêt à opérer d'après la manière usitée lors du passage des trains de plaisir ou de pèlerins, en disposant sur le quai plusieurs tables, où seront vendues des consommations diverses, à des prix indiqués par des écriteaux bien visibles.

II. — Questions à régler avec le commandant d'armes.

(VILLES DE GARNISON.)

(Instruction sur les Commissions de gare. — Art. 16.)

1° Logement du personnel de la Commission, et s'il y a lieu, du personnel des chemins de fer.

Le commissaire militaire présentera au commandant d'armes l'état numérique des militaires et, s'il y a lieu, des agents de chemins de fer à loger; il insistera pour qu'ils soient de préférence, si cela est possible, logés dans les locaux de la gare au moyen de fournitures des lits militaires et, si cela est impossible, dans les maisons les plus rapprochées de la gare.

2° Mise en subsistance des hommes de troupe, attachés à la Commission, dans un corps de la garnison.

Le commissaire militaire remettra au commandant d'armes une demande de mise en subsistance conforme au modèle B, page 27.

3° Fourniture de paille pour les locaux où doivent stationner pendant la nuit les isolés et détachements de passage.

Sur certains réseaux, l'effectif de ces isolés et détachements est indiqué d'une façon approximative — ce qui est très suffisant au chef de gare, par les tableaux qui font partie de ses documents techniques; dans le cas où ce renseignement fait défaut, le commissaire militaire demande la quantité de paille nécessaire pour garnir le sol des places de groupement prévues dans la gare, mais n'en distribue que la quantité correspondant à l'effectif à abriter pendant la nuit; à la fin des transports, la paille non utilisée est remise à la municipalité et déduite sur le reçu.

4° Désignation de locaux voisins de la gare pour cantonner, s'il y a lieu, les isolés et détachements de passage.

Alors même que les documents possédés par le chef de gare ne feraient pas prévoir la nécessité de recourir à des *annexes de places de groupement* situées en dehors de la gare, il y aura lieu, si la gare est petite ou moyenne, de demander la désignation de locaux que la Commission de gare puisse utiliser dans le cas toujours possible d'accumulation imprévue d'isolés.

5° Désignation, si la gare ne comporte pas d'infirmerie de gare, d'un médecin militaire ou civil que le commissaire militaire puisse faire appeler d'urgence, pour examiner les malades incapables de continuer leur route ou constater les décès.

6° Fermeture des établissements voisins de la gare susceptibles d'être préjudiciables au maintien de l'ordre.

III. — Administration des secrétaires et plantons; relations avec le fonctionnaire de l'intendance dans le ressort duquel se trouve la gare.

(LOCALITÉS N'AYANT PAS DE GARNISON.)

(Instruction sur les Commissions de gare. — Art. 15 et 18.)

Administration des secrétaires et plantons.

a) A défaut de garnison ou de troupes d'étapes dans la localité desservie par la gare, si la gare comporte un détachement de commis et ouvriers militaires d'administration, les secrétaires et plantons y sont mis en subsistance par ordre du commissaire militaire (voir page 29 le modèle d'ordre de mise en subsistance à remettre au chef du détachement de commis et ouvriers militaires d'administration).

b) A défaut de garnison, de troupe d'étapes ou de détachement de commis et ouvriers d'administration où ils puissent être mis en subsistance, les secrétaires et plantons touchent l'indemnité journalière exceptionnelle, qui est, pour eux, exclusive de toute autre prestation (1).

---

(1) Seuls les officiers, les sous-officiers rengagés ou commissionnés et les gendarmes ont droit à la solde cumulativement avec l'indemnité journalière exceptionnelle.

Le commissaire militaire établit une *demande de délivrance de mandats d'indemnité journalière exceptionnelle* conforme au modèle D (page 31) en ayant soin :

1° D'indiquer dans la colonne 6 l'agent du Trésor chez lequel il lui sera le plus facile de faire opérer la perception ;

2° De joindre à la demande les *fascicules de mobilisation* des hommes, détachés des livrets.

Le commissaire militaire adresse cette demande par la poste, le plus tôt possible, au sous-intendant dans le ressort duquel se trouve la gare ; quand il reçoit en retour les mandats demandés, il les fait émarger par les intéressés et en envoie toucher le montant par un de ses subordonnés (1), muni d'une *autorisation* conforme au modèle E (page 33) ; toutefois l'agent du Trésor peut ne pas reconnaître comme valable l'autorisation donnée à un tiers de percevoir les mandats et exiger que la perception soit faite par les intéressés eux-mêmes ; dans ce cas, il n'y a qu'à s'incliner devant cette exigence qui est conforme aux règles de la comptabilité publique.

Le commissaire militaire ne doit pas se contenter d'assurer les opérations ci-dessus et de laisser chaque homme libre de disposer de la somme qui lui revient ; il lui appartient d'assurer, dès l'arrivée des secrétaires et plantons, leur nourriture par un habitant, autant que possible par le buffetier, soit en traitant à l'amiable, soit en recourant à la réquisition (2) [voir page 35 le modèle d'ordre de réquisition à établir dans ce deuxième cas] :

En cas d'entente amiable, le commissaire militaire doit retenir aux hommes les sommes à payer pour leur nourriture ;

---

(1) Un agent du chemin de fer, mis à la disposition du commissaire militaire par le chef de gare, peut également être chargé de la perception.

(2) Les militaires doivent se contenter de la table de leur hôte du moment qu'il leur est offert, en tenant compte des habitudes locales, une nourriture équivalente à la ration réglementaire, c'est-à-dire autant que possible :

400 grammes de pain,
100 grammes de viande cuite avec le bouillon ou en ragoût,
1 plat de légumes assaisonnés,
1 quart de litre de vin ou de café ou un demi-litre de bière ou de cidre.

(Instruction concernant les officiers d'approvisionnement, art. 26 et m[le] 5 A).

En cas de réquisition, comme le payement des prestations reçues ne doit avoir lieu qu'ultérieurement par les soins d'autorités spéciales (Instruction concernant les officiers d'approvisionnements, art. 22), le commissaire militaire ne payera aux hommes (1) que le montant de leur solde proprement dite, calculée d'après le tarif donné ci-dessous (page 47), sans aucune indemnité; lors de la dislocation de la Commission, il expédiera au trésorier du corps auquel les hommes appartiennent le surplus des sommes touchées pour eux et remettra à la municipalité un reçu des prestations fournies, conforme au modèle G, page 37 (2).

Enfin, le commissaire militaire portera à la connaissance du corps auquel appartiennent les secrétaires et plantons les mutations qui les concernent au moyen d'*avis de mutations* conformes aux modèles : H pour l'arrivée, et I pour le départ (pages 39 et 41).

c) Quand la gare comporte un détachement de commis et ouvriers militaires d'administration, mais seulement à partir d'une date postérieure à l'entrée en fonctions de la Commission de gare, l'administration des secrétaires et plantons est réglée, jusqu'à l'arrivée de ce détachement, ainsi qu'il est dit ci-dessus en *b*) et, postérieurement à son arrivée, ainsi qu'il est dit en *a*).

Relations avec le fonctionnaire de l'Intendance.

De ce qui précède, il résulte que dans les cas visés en *b*) et *c*), le commissaire militaire enverra par la poste au fonctionnaire de l'Intendance, dans le ressort duquel se trouve la gare, une *demande de délivrance de mandats d'indemnité journalière exceptionnelle.*

---

(1) Tous les 5 jours, à terme échu.

(2) Il arrive quelquefois qu'après avoir reçu et exécuté un ordre de réquisition, les autorités locales demandent la transformation de cette réquisition en achat à l'amiable, afin de bénéficier du payement immédiat. Cette opération peut être consentie sous la condition que l'ordre de réquisition soit rendu et que les reçus des prestations fournies n'aient pas été délivrés. Cet ordre est annexé au carnet à souches des ordres de réquisition et sur la souche on mentionne que la réquisition a été convertie en achat (Instruction concernant les officiers d'approvisionnements, art. 23). Le commissaire militaire opère alors comme dans le cas de marché passé à l'amiable.

De plus, dans tous les cas où il est détenteur de carnets d'ordres et de reçus de réquisition (Instruction sur les commission de gare, art. 15, 6e alinéa), il devra envoyer le *carnet de reçus* (1) au fonctionnaire de l'Intendance, qui doit le coter, le parapher et le timbrer. Cette expédition sera faite par la poste; il suffira d'épingler à la couverture du carnet la demande suivante :

Le Commissaire militaire de la gare de ..... a l'honneur de prier M. le Sous-Intendant militaire de ....., de vouloir bien lui réexpédier le plus tôt possible le présent carnet de reçus, après l'avoir coté, paraphé et timbré.

(1) Si avant le retour du carnet de reçus, il y avait lieu de délivrer un reçu, il serait établi sur papier libre dans la forme des reçus du carnet (Mod. G., page 37).

DEUXIÈME PARTIE.

OPÉRATIONS ÉVENTUELLES OU POSTÉRIEURES AU JOUR DE L'ENTRÉE EN FONCTIONS.

I. — Service médical dans les gares; cas de décès.

(GARES NON POURVUES D'UNE INFIRMERIE DE GARE.)

(Instruction sur les Commissions de gare. Art. 13.)

Tout décès de militaire se produisant, soit dans la gare, soit en cours de route, est constaté conformément aux prescriptions de l'instruction sur les Commissions de gare.

Les opérations qui incombent alors au commissaire militaire diffèrent, suivant que le décédé faisait ou non partie d'un convoi d'évacuation accompagné par un officier d'administration du service de santé.

Premier cas. — Le militaire décédé ne faisait pas partie d'un convoi d'évacuation accompagné par un officier d'administration du service de santé.

Le commissaire militaire doit alors :

1° Adresser une déclaration de décès à l'officier d'état civil du lieu, en mettant deux témoins (1) à sa disposition, et faire remettre le corps à l'hôpital, ou, à défaut d'hôpital, à la Municipalité.

---

(1) Témoins choisis dans le personnel dépendant de la Commission de gare, sauf s'il s'agit d'un homme voyageant en vertu d'une autorisation de départ et dépourvu de pièces établissant son identité; le commissaire militaire s'efforcera, dans ce cas, de trouver, parmi ses compagnons de route, deux témoins qui puissent certifier son identité devant l'officier d'état civil.

Modèle de déclaration de décès à adresser à l'officier d'état civil.

Le (grade) *X. . . . . , commissaire militaire de la gare de T. . . . . , à Monsieur le Maire de T. . . . .*

Monsieur le Maire,

J'ai l'honneur de porter à votre connaissance, afin que vous puissiez établir l'acte de décès, que le nommé Charles-Emmanuel DUPRÉ, *soldat réserviste rejoignant son corps, domicilié à Questembert,* ou : *soldat au* ᵉ *régiment d'infanterie, est décédé aujourd'hui, 8 novembre, à 8 h. 15 du matin, en gare de T. . . . .* (ou : *en cours de route, dans le train arrivant à T. . . . . à 9 heures du matin*).

L'identité du décédé est établie par son livret et sa plaque d'identité, que je joins à la présente déclaration et dont je vous prie de me faire le renvoi; ces pièces vous seront remises par les nommés Arthur, sergent, et Alfred, soldat, attachés à la Commission de gare de T. . . . . , que je mets à votre disposition, pour servir de témoins.

Le corps du décédé est transporté par mes ordres à l'hôpital militaire (ou : *l'hôpital civil*), *qui, aux termes du* règlement sur le service de santé de l'armée à l'intérieur, *est chargé de procéder à l'inhumation, à moins que la famille, prévenue par mes soins, ne réclame le corps en temps utile.*

Ci-joint le certificat de décès, établi par le docteur Z. . . . .

Je vous prie d'agréer, Monsieur le Maire, l'assurance de ma considération la plus distinguée.

Le Commissaire militaire,

NOTA. — a) *Si le décédé voyageait en vertu d'une autorisation de départ et sans aucune pièce établissant son identité, remplacer le deuxième alinéa par la phrase suivante :*

L'identité du décédé n'est établie par aucune pièce, mais seulement par les témoignages des nommés Benoit (Arthur), domicilié à. . . . . et Louit (Jean), domicilié à. . . . . , qui voyageaient avec le décédé et que je vous adresse pour servir de témoins.

b) *S'il n'y a dans la localité ni hôpital militaire ni hospice civil, remplacer le troisième alinéa par la phrase suivante :*

En l'absence d'hôpital et d'hospice à T. . . . . , le soin de faire inhumer le décédé incombe à la Municipalité, aux termes du règlement sur le service de santé de l'armée à l'intérieur, à moins que la famille, prévenue par mes soins, ne réclame le corps en temps utile; je vous prie en conséquence de me faire connaître le lieu où je dois faire transporter le décédé et l'heure à laquelle aura lieu son inhumation, s'il n'est pas réclamé par sa famille.

2° Informer télégraphiquement du décès le Maire de la commune où est domiciliée la famille du décédé.

Modèle d'avis télégraphique.

Maire Questembert (Morbihan).

Dupré (Charles-Emmanuel), soldat réserviste, 11e escadron du train des équipages, décédé gare T....., 8 novembre. Inhumation 10 novembre, 2 heures soir. Informez famille.

3° Aviser du décès le corps auquel appartenait l'homme — ou le dépôt de ce corps — et lui envoyer son livret.

Modèle d'avis à envoyer au corps ou au dépôt du corps.

T....., le 8 novembre 1900.

Le capitaine X....., commissaire militaire de la gare de T....., certifie que le nommé Dupré (Charles-Emmanuel), n° mle ....., soldat réserviste au 11e escadron du train des équipages, est décédé dans cette gare le 8 novembre 1900.

4° Réunir les papiers, effets ou valeurs trouvés en la possession du décédé, y joindre son livret et sa plaque d'identité (1) et en faire l'envoi :

Dans la zone de l'intérieur, soit au comptable de l'hôpital militaire ou civil de la localité, soit, s'il n'y a pas d'hôpital dans la localité, au comptable de l'hôpital militaire le plus voisin (Art. 453 du règlement sur le service de santé à l'intérieur);

Dans la zone des armées, soit au bureau de comptabilité et de renseignements de l'armée (2), si l'établissement dudit bureau a été notifié à la Commission de gare, soit, dans le cas contraire, au comptable d'un hôpital, ainsi qu'il est dit ci-dessus.

---

(1) C'est pourquoi le livret et la plaque d'identité doivent être réclamés à l'officier d'état civil, après qu'ils ont servi à établir l'acte de décès.

(2) Ce bureau, établi dans la zone de l'intérieur, dans un emplacement désigné par le Ministre et sous son autorité immédiate, est spécialement chargé de recueillir les effets provenant des militaires décédés et de liquider leur succession.

Cet envoi est accompagné d'une note du commissaire militaire indiquant les nom et prénoms du décédé, la date et le lieu du décès, l'énumération des effets et objets, le montant du numéraire, ainsi que tous les renseignements qui paraissent de nature à faciliter le règlement de la succession.

Deuxième cas. — Le militaire décédé faisait partie d'un convoi d'évacuation accompagné par un officier d'administration du service de santé.

Il appartient alors à l'officier d'administration de remplir les fonctions d'officier d'état civil et de recueillir les papiers, effets et valeurs trouvés en la possession du militaire.

Par suite, le rôle du commissaire militaire se réduit :

1° A faire remettre le corps soit à l'hôpital, soit, à défaut d'hôpital, à la Municipalité;

2° A informer télégraphiquement le Maire de la commune où est domiciliée la famille du décédé.

(Comme il est indiqué ci-dessus pour le cas précédent);

3° A aviser du décès le corps auquel appartenait l'homme, ou le dépôt du corps.

(Comme il est indiqué ci-dessus pour le cas précédent).

II. — Relations avec les chefs de corps.

(GARES D'EMBARQUEMENT.)

(Instruction sur les Commissions de gare. Art. 26.)

a) Si un chef de corps omettait d'envoyer un officier à la gare vingt-quatre heures avant le commencement des embarquements, ainsi qu'il est prescrit, le commissaire militaire devrait lui envoyer en temps utile les indications relatives aux embarquements du lendemain et lui faire demander les effectifs exacts des unités à transporter.

b) Si après avoir communiqué à l'officier délégué par un chef de corps les conditions d'embarquement des éléments de ce corps, la Commission de gare doit, pour une cause quelconque, les modifier, le commissaire militaire en prévient le chef de corps en temps utile.

Modèle de lettre à adresser au chef de corps.

Le (grade) *X....., commissaire militaire de la gare de T....., à Monsieur le Colonel commandant le 11e régiment d'infanterie.*

Mon Colonel,

En raison de difficultés survenant dans l'exécution du service des chemins de fer, les 2e et 4e bataillons ne pourront être embarqués dans les conditions prévues.

J'ai l'honneur de vous faire connaître ci-dessous les conditions nouvelles de leur embarquement :

2e *BATAILLON.*

Point d'embarquement : *Gare de T....., cour des marchandises.*

Heure du commencement de la reconnaissance	*3 h. 10*	*soir.*
Heure du commencement de l'embarquement	*3 20*	—
Heure de la fin de l'embarquement	*4 50*	—

4e *BATAILLON.*

Point d'embarquement : *Quai militaire de V.....*

Heure du commencement de la reconnaissance	*6 h. 10*	*soir.*
Heure du commencement de l'embarquement	*6 h. 20*	—
Heure de la fin de l'embarquement	*7 h. 50*	—

III. — Réquisition de postes de protection, ou d'escortes pour les trains de matériel.

(Instruction sur les Commissions de gare. Art. 16.)

Modèle de réquisition.

Gare de....., 28 octobre, midi.

La voie ferrée étant menacée par un détachement ennemi signalé à....., la Commission de gare de..... requiert, *en exécution des prescriptions du règlement sur les transports stratégiques, art. 32* (*ou 33*)*, Monsieur le Chef de bataillon, commandant d'armes de...* (ou : *M. le Colonel commandant le* *détachement stationnant à . . . . .)*, *de mettre à sa disposition, dans le plus bref délai, une compagnie pour garder la gare de . . . . . et ses abords;* (ou : *de mettre à sa disposition une demi-compagnie d'infanterie pour escorter jusqu'à . . . . . le train de matériel partant à 2 h. 30 du soir;* ou : *de faire garder, dans le plus bref délai, par une compagnie d'infanterie, la voie ferrée de . . . . . à . . . . .*)

Pour la Commission de gare :

Le Commissaire militaire,

La Commission de gare ne doit exercer ce droit de requérir directement des troupes, que quand la nécessité en est bien démontrée; elle doit rendre compte télégraphiquement à la Commission ou Sous-Commission de réseau dont elle relève, de la réquisition qu'elle adresse, et, ultérieurement, de la suite qui lui aura été donnée.

IV. — Solde des officiers.

(Instruction sur les Commissions de gare. Art. 18.)

Les officiers de la réserve et de l'armée territoriale affectés aux Commissions de gare ont droit à la solde, à partir du jour où ils sont arrivés à leur poste, s'ils ne touchent pas l'indemnité de route pour ce jour; à partir du lendemain dans le cas contraire (1). La solde leur sera payée, comme aux officiers appartenant à l'armée active, à terme échu, à la fin de chaque mois.

Les officiers appartenant à des corps de troupe établiront, au titre de leur corps, des *états de solde* modèle 11 (2) (page 43) en triple expédition, l'une portant *quittance*, la deuxième *déclaration de quittance*, et la troisième à titre d'*ampliation*.

Pour les officiers sans troupe (officiers du service des chemins de fer, des services spéciaux du territoire . . . . .), il sera établi, le 25 de chaque mois, un *état de mutations* modèle 1 (page 45), en simple expédition, pour chaque catégorie d'officiers.

---

(1) Ont seuls droit à l'indemnité d'entrée en campagne les officiers que leur ordre de mobilisation affecte à la zone des armées.

(2) Pour l'établissement des états de solde, se reporter au tableau portant extrait des tarifs de solde annexé au présent aide-mémoire (page 47).

Les imprimés d'états de solde pour les officiers et des états de mutations seront demandés par le commissaire militaire au fonctionnaire de l'intendance qui doit les fournir.

Les états ainsi établis seront envoyés, avec les lettres ou ordres de service des intéressés, ou leurs livrets de solde, à l'ordonnancement du fonctionnaire de l'intendance; ce fonctionnaire ordonnancera les états de solde et établira les mandats correspondants aux états de mutations; après quoi, les sommes à toucher seront perçues chez l'agent des finances le plus voisin, comme il est dit ci-dessus pour l'indemnité journalière exceptionnelle des secrétaires et plantons (page 14).

Pour ces opérations, le commissaire militaire délivrera les ordres de transport nécessaires.

V. — Établissement du journal d'opérations.

(Instruction sur les Commissions de gare (art. 14) et État modèle B joint à cette instruction.)

Contrairement aux indications de l'imprimé d'ancien modèle, qui est conservé provisoirement dans les archives de la plupart des Commissions, il y a lieu de supprimer, au verso de chaque page, la case relative au *passage des trains*.

Modèle A.
(Pages 10 et 11 de l'Aide-mémoire.)

AUTORISATION DE DÉPART.

MOBILISATION GÉNÉRALE.

AUTORISATION DE DÉPART.

Le nommé .... de la classe de ....

affecté à ....

est autorisé à se rendre de .... à ....

par chemin de fer, gratuitement.

Il se présentera à la gare de ....

le..........[e] **jour de la mobilisation.**

Il devra se procurer et emporter des vivres pour un jour.

A ...., le ....

Le Chef du bureau militaire (x),
(ou) *Le Commissaire militaire de la gare de*....................................
(ou) *Le Maire*,

(x) Rayer les qualifications qui ne sont pas celles du signataire.

Nota : Les hommes seront reçus à l'arrivée par les détachements de leur corps d'affectation en service à la gare et conduits à leurs quartiers respectifs où leur situation sera vérifiée. Ceux qui auraient fait des déclarations fausses seront mis entre les mains de la gendarmerie.

Modèle B.
(Page 12 de l'Aide-mémoire.)

DEMANDE DE MISE EN SUBSISTANCE.

.... e ARMÉE.

.... e CORPS D'ARMÉE.

COMMISSION DE GARE DE ....

Article 18 de l'Instruction sur les Commissions de gare.

Bulletin de demande de { *mise en* ou [1] *cessation de* } *subsistance des militaires isolés faisant partie du* ....

NOM et PRÉNOMS.	GRADE.	CORPS D'ORIGINE					CORPS DANS lequel il y a lieu de prescrire la (2) subsistance.	DATE de la (2) SUBSISTANCE.	EMPLOI NORMAL de chaque homme.	MUTATION MOTIVANT la demande.
		ARME.	NUMÉRO du corps.	BATAILLON.	COMPAGNIE, escadron, batterie.	NUMÉRO MATRICULE.				

A ...., le .... 19......

Le (3) ...., *Commissaire militaire de gare.*

(1) Rayer celle des deux indications qui ne convient pas.

(2) Mise en *ou* cessation de

(3) Grade.

Modèle C.
(Page 13 de l'Aide-mémoire.)

ORDRE DE MISE EN SUBSISTANCE.

____e ARMÉE. | COMMISSION | Article 18 de l'Instruction sur les Commissions de gare.

.......e corps d'armée. DE GARE DE........................

Ordre ou (1) *avis d'ordre* } *de* { *mise en* ou (1) *cessation de* } *subsistance des militaires isolés faisant partie de la Commission de gare de* ....

NOM et PRÉNOMS.	GRADE.	CORPS D'ORIGINE					CORPS auquel il y a lieu de prescrire la (2) subsistance.	DATE de la (2) subsistance.	EMPLOI normal de chaque homme.	OBSERVATIONS.
		Arme.	Numéro du corps.	Bataillon.	Compagnie, escadron, batterie.	Numéro matricule.				

(1) Rayer celle des deux indications qui ne convient pas.
(2) Mise en ou cessation de
(3) Grade.

A ...., le........................19.......

Le (3)..................*Commissaire militaire de gare,*
Commandant d'armes.

L'ordre est envoyé au corps administrateur dans lequel les isolés sont mis ou cessent d'être mis en subsistance.

L'avis d'ordre, distinct par corps d'origine et par état-major en service (Commandant d'étapes, Commissaire de gare, etc.), est envoyé à chacun des corps d'origine et à l'État-major ou service qu'il concerne.

Modèle D.
(Page 14 de l'Aide-mémoire.)

...ᵉ CORPS D'ARMÉE.

DÉPARTEMENT
d ....

COMMISSION DE GARE
d ....

Mois d ....

DEMANDE DE DÉLIVRANCE
de mandats d'indemnité journalière exceptionnelle.

Le Commissaire militaire de la gare d____________ a l'honneur de prier Monsieur le Sous-Intendant militaire à .... de vouloir bien faire délivrer et lui adresser dans le plus bref délai possible des mandats d'indemnité journalière exceptionnelle pour les militaires ci-après dénommés. (*Exécution de l'article 18 de l'Instruction du 30 juin 1900 sur les Commissions de gare.*)

NOMS des MILITAIRES.	GRADES.	NATURE ET DURÉE du service à exécuter.	TAUX de L'INDEMNITÉ.	DÉCOMPTE.	INDICATION de la RÉSIDENCE de l'agent du Trésor chez lequel devront être payés les mandats.	TITRES ENVOYÉS en communication pour justifier le droit des parties prenantes.	OBSERVATIONS.
....	......	Secrétaire (*ou planton*) de la Commission de ...... Arrivé le .. partira le..... a droit à l'indemnité journalière exceptionnelle du .. au... soit..... jours.		..	Trésorier-payeur général *ou* Receveur *ou* Percepteur } de	Fascicule de mobilisation. 1	
....	......	Même mutation.		..	*Idem.*	*Idem*.... 1	
....	.....	*Idem.*	....	......	*Idem.*	*Idem*.... 1	
			TOTAL.			TOTAL. 3	

A ...., le................................ 19.......

Le Commissaire militaire,

Modèle E.
(Pages 4 et 23 de l'Aide-mémoire.)

AUTORISATION DE PERCEVOIR LES MANDATS.

(a) Noms.
(b) Prénoms.
(c) Grade et fonction.
(d) Nom.
(e) Prénoms.
(f) Grade et fonction.
(g) Trésorier - payeur, receveur ou percepteur.
(h) Résidence de l'agent du Trésor ci-contre.
(i) Résidence du fonctionnaire de l'Intendance.
(j) En toutes lettres.

Nous soussignés
.... (a) .... (b) .... (c)
.... (a) .... (b) .... (c)
.... (a) .... (b) .... (c)

autorisons le sieur .... (d) .... (e) .... (f) dont la signature figure ci-dessous à toucher à la Caisse du .... (g) de .... (h) les mandats délivrés à notre profit par Monsieur le Sous-Intendant militaire de (i) .... montant à la somme de (j) .... et dûment revêtus de nos signatures pour acquit.

Nous nous engageons à garantir le Trésor contre toutes les conséquences de cette dérogation au règlement.

(k) Nom.

Signature du sieur (k) chargé de la perception. .... le .... 19...

Signature des intéressés.

(l) Nom.
(m) Prénoms.
(n) Grade.

Je soussigné .... (l) .... (m) .... (n) Commissaire militaire de la gare de ...., certifie les signatures apposées ci-dessus.

Signature du Commissaire militaire de gare.

MODÈLE F.
(Page 14 de l'Aide-mémoire.)

ORDRE DE RÉQUISITION.

SPÉCIMEN. — Les inscriptions *en italique* sont données à titre d'exemple.

SÉRIE N° *3* FEUILLET N° **23.**

(1) Indiquer le lieu, la date et l'heure où la prestation doit être fournie.
(2) Indiquer en toutes lettres la nature et la quantité des denrées, voitures ou autres prestations requises, et, s'il y a lieu, la durée probable du service à exécuter.
(3) Mêmes indications en chiffres.
(4) Timbre de l'officier général.

(4)

État-major de..............
........e régiment de ....
........e bataillon ou escadron.
........e compagnie ou batterie.

Effectif. { Officiers ....
Troupe ....
Chevaux ....

Commune d..............
Département d..............
Lieu et date fixés pour la prestation..............
....
Heure fixée pour la prestation ....
....

(3) *Nourriture par l'habitant, à raison de 2 repas par jour, jusqu'à nouvel ordre, des hommes de troupe attachés à la Commission de gare, qui sont au nombre de six.*

RÉQUISITIONS MILITAIRES.

SÉRIE N° *3* FEUILLET N° **23.**

> Le payement des prestations comprises dans la présente réquisition ne pourra avoir lieu que sur la production de reçus qui seront délivrés par les autorités militaires pour les fournitures faites, ou de certificats établis par elles pour constater l'exécution du service requis.

(4)

ORDRE DE RÉQUISITION.

........e armée.
*8*e corps d'armée.
........e division d..............
........e brigade.

État-major de..............
........e régiment de ....
........e bataillon ou escadron.
........e compagnie ou batterie.

Nom et grade du signataire (écrits très lisiblement). { *Capitaine X.....*
Commissaire militaire de la gare de T.....

Le Maire de *T.....* département de .....
(*ou, par exception, en l'absence de la municipalité*)
le sieur .... demeurant à ....
département d.............., ... est requis de fournir à (1) ....
le .... 1........, à .... heure du .... les prestations suivantes, savoir :
(2) *la nourriture par l'habitant, à raison de deux repas par jour, jusqu'à nouvel ordre, des hommes de troupe attachés à la Commission de gare de T....., qui sont au nombre de six.*
(Exécution de la loi du 3 juillet 1877 sur les Réquisitions militaires.)

T....., le 10 juillet 1899.

Le Commissaire militaire de la gare de T.....

X.....

A ……………………, le ……………………… 1……

Le (1) ……………………………

(1) Indiquer le grade et signer.

REQUISITIONS MILITAIRES.

A ……………………, le ……………………… 1……

Le (1) ……………………………

MODÈLE G.
(Pages 15 et 16 de l'Aide-mémoire.)

REÇU
POUR PRESTATION FOURNIE PAR RÉQUISITION.

SPÉCIMEN. — Les inscriptions *en italique* sont données à titre d'exemple.

FEUILLET N° 11.

(1) Cachet du conseil d'administration ou du fonctionnaire de l'intendance, suivant le cas.
(2) Indiquer la ou les journées pour lesquelles la fourniture est faite.
(3) Date de l'ordre de réquisition.
(4) Désignation de l'autorité exerçant le droit de réquisition.

(1)

État-major d ....
ou
.......e régiment d ....
.......e bataillon ou escadron.
.......e compagnie ou batterie.

Exécution de l'ordre de réquisition du (3) *10 juillet 1899*
série n° *3* , carnet n° .... , feuillet n° .... ,
donné par (4) *le Commissaire m^re de la gare de T.....*
JOURNÉE DU (2) *10 juillet au 24 juillet* 1899 .
Commune de *T.....* , dép^t de .....

Effectif. { Officiers.................. | troupe ....
{ Chevaux. { de réquisition........ | conducteurs { ou guides. }
{ de l'armée........ | bestiaux..........

		EFFECTIF OU NOMBRE.	DURÉE de LA PRESTATION du	au (inclus).	NOMBRE TOTAL de journées ou de nuits.
Logement.	Officiers logeant seuls.				
	Offic^rs logeant à deux.				
	Sous-officiers				
	Caporaux et soldats...				
	Chevaux et bestiaux...				
Cantonnement.	Hommes				
	Chevaux et bestiaux ..				
Transports.	Voitures à ......collier .				
	Voitures à ......collier .				
	Chevaux de trait......				
	Embarcations.........				
	Conduct^rs ou marin^rs..				
Nourriture par l'habitant à raison de deux repas par jour, de 6 hommes de troupe.		6	10 juillet.	24 juillet.	90 journées de nourriture

FOURNITURES PAR RÉQUISITION.

FEUILLET N° 11.

REÇU DE FOURNITURES REQUISES. (1)

...... e armée. | État-major d ....
8e corps d'armée, | ou
...... e division d .... | ...... e régiment d ....
...... e brigade. | ...... e bataillon ou escadron.
| ...... e compagnie ou batterie.

Nom et grade du signataire { ....
(écrits très lisiblement). { ....

Exécution de l'ordre de réquisition du (3) *10 juillet* , série *3* , carnet n° .... feuillet .... , donné par (4) *le Commissaire militaire de la gare de T.....*

JOURNÉES DU (3) *10 juillet au 24 juillet* 1899 .

Reçu de la commune de *T.....* , dép^t de .....
(*ou, par exception, en l'absence de la municipalité*)
reçu du sieur .... , demeurant à ....
département d .... , les prestations dont le détail suit, SAVOIR :

		EFFECTIF OU NOMBRE.	DURÉE de LA PRESTATION du	au (inclus.)	NOMBRE TOTAL DE JOURNÉES DE SERVICE ou de nuits de logement et de cantonnement. (En toutes lettres.)
Logement chez l'habitant.	Officiers logeant seuls.				
	Offic^rs logeant à deux.				
	Sous-officiers				
	Caporaux et soldats...				
	Chevaux et bestiaux...				
Cantonnement.	Hommes				
	Chevaux et bestiaux...				
Transports.	Voitures à ......collier .				
	Voitures à ......collier .				
	Chevaux de trait......				
	Embarcations.........				
	Conduct^rs ou marin^rs..				
Nourriture par l'habitant à raison de deux repas par jour, de 6 hommes de troupe.		6	10 juillet.	24 juillet.	Quatre vingt-dix journées de nourriture d'hommes de troupe.

	NATURE DES FOURNITURES.	NOMBRE de rations.	TAUX des rations.	QUANTITÉS FOURNIES. En chiffres.	QUANTITÉS FOURNIES. En toutes lettres.
VIVRES.	Pain				
	Riz				
	Légumes secs				
	Pommes de terre				
	Sel				
	Sucre				
	Café vert				
	Café torréfié				
	Vin				
	Eau-de-vie				
	Viande fraîche				
	Viande sur pied				
	Lard salé				
	1/2 journée de nourriture				
CHAUFFAGE.	Bois en bûches				
	Charbon de terre				
	Bois en fagots				
FOURRAGES.	Foin ou luzerne				
	Paille				
	Avoine ou orge				

A T.... , le 24 juillet 1899.

Le (1) *Capitaine, Commissaire militaire de la gare de T.....*

X.....

(1) Indiquer le grade et la qualité et signer.

FOURNITURES PAR RÉQUISITION.

NATURE DES FOURNITURES.	NOMBRE de rations.	QUANTITÉS fournies.
Pain		
Riz		
Légumes secs		
Pommes de terre		
Sel		
Sucre		
Café vert		
Café torréfié		
Vin		
Eau-de-vie		
Viande fraîche		
Viande sur pied		
Lard salé		
1/2 journée de nourriture		
Bois en bûche		
Charbon de terre		
Bois en fagots		
Foin ou luzerne		
Paille		
Avoine ou orge		

A T..... , le 24 juillet 1899.

Le (1) *Capitaine, Commissaire militaire de la gare de T.....*

X.....

MODÈLE H.
(Page 15 de l'Aide-mémoire.)

AVIS DE MUTATION.

(A établir à l'arrivée des hommes.)

.....e CORPS D'ARMÉE

—

DÉPARTEMENT

d ....

—

Commission de gare

d ....

—

Mois d ....

—

.....e RÉGIMENT D'(1) ....

e Compagnie, Escadron ou Batterie (1).

A établir à l'arrivée des hommes. Les hommes appartenant à la même unité administrative peuvent figurer sur le même état.

AVIS DE MUTATION.

.... (2) .... (3) .... (4)
.... (2) .... (3) .... (4) } désignés
.... (2) .... (3) .... (4)

par {son / leur} fascicule de mobilisation pour rejoindre la Commission de gare de .... arrivés le .... {doit / doivent} résider à ...., du .... au .... {recevra / recevront} l'indemnité journalière exceptionnelle pour les journées du .... au ....

A ...., le .... 19 ... .

Le Commissaire militaire,

(1) Corps et unité auxquels appartiennent les hommes.

(2) Noms et prénoms.

(3) Grades.

(4) Numéros matricules.

A Monsieur le Commandant du dépôt du .....e Régiment .... à ....

Modèle I.
(Page 15 de l'Aide-mémoire.)

AVIS DE MUTATION.

(A établir au départ des hommes.)

.....e CORPS D'ARMÉE.

DÉPARTEMENT
d ....

Commission de gare
d ....

Mois d ....

....e RÉGIMENT D'(1) ....

....e Compagnie, Escadron ou Batterie (1).

A établir lors du départ des hommes.
Les hommes appartenant à la même unité administrative peuvent figurer sur le même état.

(1) Corps et unité auxquels appartiennent les hommes.
(2) Noms et prénoms.
(3) Grades.
(4) Numéros matricules.
(5) Si les hommes ont été nourris par voie de réquisition remplacer la mention :
« Ont reçu l'indemnité journalière exceptionnelle du .... au .... »
Par la mention suivante :
« Ont perçu l'indemnité journalière exceptionnelle du .... au .... , mais ayant été nourris par voie de réquisition, ont seulement été payés de leur solde du .... au .... ;
ci-joint en { un mandat sur le Trésor, ou un mandat sur la Poste, défalcation faite des frais d'émission, } l'excédent de l'indemnité touchée par eux, soit : .... (somme en toutes lettres). »
Le bureau de comptabilité du corps est, dans ce cas, chargé d'effectuer les régularisations nécessaires; il établit à cet effet des états de solde, verse au Trésor le montant de l'indemnité journalière exceptionnelle touchée par les hommes et non employée, et se porte en dépense, au titre des frais de route, les frais d'émission du mandat. (*Art. 144 du règlement du 14 janvier 1889.*)

AVIS DE MUTATION.

....................(2) ....(3) ....(4) } était
....................(2) ....(3) ....(4) } étaient
....................(2) ....(3) ....(4) }

{ arrivé / arrivés } à la Commission de gare de ....

le .... { devait / devaient } résider à ....

du .... au .... { a / ont } effectivement

résidé du .... au ....

Partis le .... pour ....

{ a / ont } reçu l'indemnité journalière exceptionnelle du ....

.... au .... (5)

....
....
....
....
....
....

{ a / ont } reçu un Ordre de transport pour le trajet de ....

.... à ....

A .... , le .... 19 . .

A Monsieur le Commandant du dépôt du e Régiment .... à ....

MODÈLE J.
(Pages 22 de l'Aide-mémoire.)

ÉTAT DE SOLDE. MODÈLE 11,

pour Officier détaché d'un corps de troupe.

.....e CORPS D'ARMÉE.

DÉPARTEMENT
d..............................

Place d..............................

Armée d..............................

SOLDE
ET ACCESSOIRES DE SOLDE.

Mois d.................19 . .

QUITTANCE.

ACQUIT IMPUTABLE.
sur
la revue du trimestre 19 ,
pour (2)

NOTA. — Cet état servira pour les militaires de tous grades continuant d'être payés de leur solde au titre de leur corps respectif, quoiqu'ils en soient détachés momentanément.

La quittance est établie sur papier blanc. La déclaration de quittance est établie sur papier bleu.

L'ampliation, dont la formule de l'acquit doit être biffée à la main, est également établie sur papier bleu.

QUITTANCE.

EXERCICE 19......

CHAPITRE......, ARTICLE...... DU BUDGET.

Service de la Solde d(1)..............

MODÈLE N° 11 A.

Décret du 29 mai 1890.

Art. 41 du Règlement sur la solde et les revues.

Format : 0m380 sur 0m240.

(1) Indiquer le titre de l'article du budget.
(2) L'intérieur ou l'armée.
(3) On additionnera ensemble, sans distinction de grade, les journées qui doivent se décompter sur le même pied.
(4) On remplira le titre des colonnes suivant la nature des allocations.
(5) Cette colonne a pour objet de faire connaître aux payeurs la portion du traitement de chaque officier, qui est passible de la retenue du cinquième, en cas d'opposition juridique.

Arme..................
Corps..................
Indiquer ici le motif pour lequel les militaires sont détachés de leur corps....

ÉTAT pour servir au payement de la solde et des indemnités diverses des Officiers, Sous-Officiers, Caporaux ou Brigadiers et Soldats, détachés isolément à .... pendant le mois d .... 19 . .

NUMÉROS		NOMS et PRÉNOMS.	GRADES, CLASSES et emplois.	MUTATIONS et MOUVEMENTS.	NOMBRE DE JOURNÉES (3)					MONTANT du décompte en deniers des journées de solde pour les officiers seulement (5).	NOMBRE DE JOURNÉES (3)			
des bataillons.	des compagnies, escadrons ou batteries.				de solde		d'indemnités (4)				de haute paye journalière d'ancienneté.		d'indemnités (4)	
					de présence.	d'absence.								
				TOTAUX.......										

RÉCAPITULATION DES JOURNÉES ET DÉCOMPTE EN DENIERS.

DÉSIGNATION DES GRADES.	NOMBRE DE JOURNÉES de solde de présence.	de solde d'absence.	D'INDEMNITÉS (1)			DÉCOMPTE EN DENIERS. SOLDE de présence.	SOLDE d'absence.	INDEMNITÉS (1)			TOTAL DU DÉCOMPTE pour les officiers.	pour la troupe.
OFFICIERS.. {												
TOTAUX des sommes qui doivent servir de base au décompte de la retenue de 5 p. 100 à ordonnancer au profit du Trésor	...	...	...	...	...							....
TROUPE ... {												
TOTAUX.											....	
TROUPE .. { Haute-paye journalière d'ancienneté. ... }												
TOTAUX.												
A DIMINUER pour les officiers qui reçoivent le logement en nature.												
RESTE.												
TOTAL GÉNÉRAL du décompte												

(A) Quittance ou déclaration de quittance ; sur l'ampliation, on biffera la formule de l'acquit.

(1) On remplira le titre des colonnes, suivant la nature des allocations.

(2) L'état sera certifié par le militaire le plus ancien en grade, lorsque plusieurs hommes de troupe s'y trouveront compris.

Si l'état est individuel, il sera certifié par la partie prenante.

Le signataire inscrira ici lisiblement son grade.

(3) Cet état ne pourra être valablement arrêté que par un fonctionnaire de l'intendance militaire qui inscrira lisiblement son nom et son grade.

(4) Expliquer les motifs des retenues; indiquer les noms et les grades des officiers qui en sont passibles, et relater les décisions qui les auront ordonnées.

(5) Désigner la partie prenante.

(6) Désigner le corps.

(7) Receveur particulier à .... ou Percepteur de la commune de ....

Montant des sous-délégations de crédit cumulées ....

Dernier crédit | Numéro .... | Date : ....

Numéro .... du registre des mandats.

CERTIFIÉ par nous (2) .... le présent état montant à la somme de ...., pour solde et indemnités diverses des militaires qui y sont dénommés.

A ...., le .... 19.....

	SOMMES qui doivent servir de base au décompte de la retenue de 5 p. 100.	non passibles de cette retenue.
VU ET VÉRIFIÉ par nous (3) .... employé à .... le présent état, montant à		
AUGMENTATIONS. {		
TOTAUX.		
DIMINUTIONS. {		
RÉSULTATS modifiés par ces modifications.		
A DÉDUIRE au profit de l'État pour (4)		
RESTE.		
TOTAL à ordonnancer.		

Nous arrêtons, en conséquence, le présent état à la somme de .... que nous mandons à M. ...., Trésorier-Payeur général du département d............, de payer à (5) ...., pour solde et indemnités diverses pendant le mois d.................. 19 ....., des militaires dénommés d'autre part, appartenant à (6) ....

A ...., le ....19 .....

QUITTANCE.

Vu bon à payer après inscription au livret, ou sur la feuille de route, ou sur le congé de la partie prenante, par le (7) .....

LE TRÉSORIER-PAYEUR GÉNÉRAL du département d..................................,

PAYÉ par moi (7) ....

NOTA. — Faute par le porteur de se présenter avant le 30 juin 19 (ou le 30 juin, s'il s'agit d'un payement à effectuer dans un arrondissement où il n'existe pas de trésorier-payeur général), le présent mandat sera annulé, et la dépense qui en est l'objet ne pourra être acquittée qu'en vertu d'un ordonnancement direct du Ministre.

QUITTANCE (A).

Nous soussigné (2) .... reconnaissons avoir reçu de M. ...., Trésorier-Payeur général du département d........................, la somme de .... portée au présent mandat.

A ...., le ....19 .....

MODÈLE K.
(Page 22 de l'Aide-mémoire.)

ÉTAT DES MUTATIONS MODÈLE 1

POUR OFFICIER SANS TROUPE.

(Officier du Service des Chemins de fer et des Étapes, des Services spéciaux du territoire, etc.)

• CORPS D'ARMÉE.

DÉPARTEMENT
d

Place d

ARMÉE d

e CORPS.

e DIVISION.

e BRIGADE.

Mois d

OFFICIERS SANS TROUPE,

EMPLOYÉS MILITAIRES

ET OFFICIERS EN NON-ACTIVITÉ.

MODÈLE N° 1.

Art. 29 du Règlement sur la solde et les revues.

Format : $0^m315 \times 0^m210$.

(1) Indiquer l'état-major ou le service dont font partie les officiers et employés compris sur le présent état.

(2) Nom et grade du chef de la catégorie d'officiers ou d'employés militaires que le présent état concerne.

ÉTAT NOMINATIF *des* (1) *indiquant leurs résidences ainsi que leurs mutations et mouvements pendant le mois d 1 , pour servir à l'établissement des états pour le payement de leur traitement pendant le même mois.*

NOMS ET PRÉNOMS.	GRADES, CLASSES et emplois.	LIEUX DE RÉSIDENCE.	MUTATIONS ET MOUVEMENTS.

NOMS ET PRÉNOMS.	GRADES, CLASSES et emplois.	LIEUX DE RÉSIDENCE.	MUTATIONS ET MOUVEMENTS.

Certifié par nous (2) le présent état de mutations et de mouvements.

A , le 190 .

EXTRAIT DES TARIFS DE SOLDE
DU 27 DÉCEMBRE 1890.
(MODIFIÉS LE 23 AVRIL 1895.)

GRADES.	SOLDE NETTE par MOIS.	SOLDE NETTE par JOUR.	OBSERVATIONS.
1° OFFICIERS.			
Colonel	678f	22f 60c	« Les militaires de tout grade de la réserve et de l'armée territoriale reçoivent toutes les allocations attribuées à l'armée active. Toutefois, les lieutenants reçoivent la solde de 2e classe et les capitaines ne comptent, pour l'obtention de la solde progressive, que le temps passé avec ce grade dans l'armée active ». (Décret du 29 mai 1890 sur la solde et les revues. Édition mise à jour jusqu'au 1er juin 1897, page 47.)
Lieutenant-Colonel	549	18 30	
Chef de bataillon ou d'escadron	459	15 30	
Capitaine après 12 ans de grade	345	11 50	
— — 8 —	315	10 50	
— — 5 —	285	9 50	
— avant 5 —	255	8 50	
Lieutenant de 1re classe	225	7 50	
— 2e —	210	7 00	
Sous-Lieutenant	195	6 50	
2° TROUPE.			
Adjudant	"	2 65	
Sergent-Major	"	1 25	
Sergent et sergent fourrier	"	0 95	
Caporal fourrier	"	0 75	
Caporal	"	0 45	
Soldat	"	0 28	

RÈGLEMENTS ET INSTRUCTIONS

que les Officiers affectés aux Commissions de gare doivent se procurer à leurs frais.

I. — Officiers appartenant au Service des Chemins de fer et des Étapes.

—— Tous les officiers doivent posséder :

Le Décret du 11 février 1900 portant organisation générale des *Services de l'arrière* et le Décret du 21 février 1900 portant règlement sur les *Transports stratégiques*. (*Lavauzelle.*)

L'Instruction du 30 juin 1900 sur les Commissions de gare. (*Lavauzelle.*)

De plus :

—— Les officiers affectés aux Haltes-repas doivent posséder :

L'Instruction du 31 mars 1897 sur l'alimentation pendant les transports en chemins de fer et sur l'organisation et le fonctionnement des stations Haltes-repas. (*Lavauzelle.*)

—— Les officiers affectés aux Infirmeries de gare doivent posséder :

L'Instruction du 6 avril 1897 sur le fonctionnement des infirmeries de gare et l'alimentation pendant les transports d'évacuation par voie ferrée. (*Lavauzelle.*)

—— Les officiers affectés aux Gares de rassemblement doivent posséder :

L'Instruction du 12 novembre 1900 sur le fonctionnement des gares de rassemblement.

II. — Officiers n'appartenant pas au Service des Chemins de fer et des Étapes, affectés temporairement à des Commissions de gare.

—— Ces officiers doivent posséder :

L'Instruction du 30 juin 1900 sur les Commissions de gare.

IMPRIMERIE NATIONALE. — 2733-90 *bis*-1900.

A LA MÊME LIBRAIRIE

Paris. — Imprimerie R. Chapelot et Cie, 2, rue Christine.

www.ingramcontent.com/pod-product-compliance
Ingram Content Group UK Ltd.
Pitfield, Milton Keynes, MK11 3LW, UK
UKHW021514260726
13993UKWH00004B/1654